# POESIEPANDEMIE
## *LIVE & CLOSE*

AF239256

# LYRIK
# LEBT
# WEITER!

*Hrsg. G&GN-INSTITUT*
**BoD Verlag 2022**

**Marvin Chlada (*1970)** aus Duisburg. Wortarbeiter und "Underground-Soziologe" (jW). Neben Lyrik, Cut-ups und satirischen Beiträgen hat er zahlreiche Essays zur Rock- und Popkultur verfasst und Werke u.a. von Oscar Wilde, Charles Fourier und der Gruppe "Situationistische Internationale" herausgegeben. Einige Texte wurden als Hörspiel vertont und mehrfach übersetzt.

**Harald Kappel (*1960)** aus Aachen. 2019 Postpoetry-Lyrikpreisträger des Landes NRW. Gern kombiniert er auf Lesungen seine Gedichte mit (Live-)Sound zu Klangbildern. Beiträge in Zeitschriften: "Wortschau", "Stereofeder", "KLiteratur", "neolith". Gedichtbände: "Mondvoll" (2013), "Kaminfegerschnee" (Literaturautomat, 2019), "aus den Geistesanstalten" (2020) und ab 2022 mehrere Publikate, z.B. "Stereotomie" & "Retrograde". 2021 erhielt er den Nahbellpreis.

**Boris Kerenski (*1971)** aus Stuttgart. Unterrichtete als Dozent im Literaturhaus Stuttgart, war Redakteur für diverse Print- & Onlinemedien und ist als Gymnasiallehrer tätig. Sein künstlerisches Werk umfasst u.a. Collagen, literarische Texte und von ihm edierte Anthologien wie z.B. "Kaltland Beat" (1999).

**Tom de Toys (*1968)** aus Jülich. Entwickelte 1989 seine "Direkte Dichtung", gründete 1990 das G&GN-Institut, entdeckte 1994 die "Erweiterte Sachlichkeit" zur Repolitisierung echter Liebeslyrik gegen den Etikettenschwindel, gewann 2000 den 1. Nahbell-Lyrikpreis und erfand 2001 die Quantenlyrik. 2019 Reaktivierung seiner Musikreform "Das desinteressierte Klavier". Beruf(ung): Digitalbetreuer, u.a. von:

# www.LyrikLebt.de

*Unter Verwendung und farblicher Nachbearbeitung einer im Internet gefundenen Röntgenaufnahme (Skelett-Kuss), leider ohne weitere Angaben zur Herkunft – Dank gebührt daher dem unbekannten Künstler!*

© Herstellung & Verlag:
**BoD 2022**
Books on Demand
Norderstedt
ISBN **9783756838523**

Düssel
dorf
Nähe trifft Freiheit
Live close Feel free

Gefördert durch
Landeshauptstadt Düsseldorf
Bezirksvertretung 9

"Ernst Meister, der sich kaum um die wechselnden Trends gekümmert hatte und deshalb sehr wenig Aufmerksamkeit erregt hatte, fand verspätet die ihm gebührende Anerkennung und starb dann genau an dem Tag, an dem ihn die Nachricht von der Verleihung des ehrenvollen Büchner-Preises erreichte. [...] Im Falle von Ernst Meister war es so, daß er es sich leisten konnte, auszuharren und weiter zu produzieren zu seinen eigenen Bedingungen – nur die Mode und die Trends standen ihm entgegen. In anderen Ländern sind die Schwierigkeiten, gegen die bedeutende Lyrik ankämpfen muß, aus anderen Gründen überwältigend groß geworden – dort will man keine bedeutenden Werke, das Trachten danach wird als Anmaßung empfunden, und die allzu eng miteinander verflochtene Zunft der Wissenschaftler und Zeitungsleute, die die Reputationen manipulieren, hat ein besonderes Vergnügen daran, ein solches Bemühen verächtlich zu machen. [...] Unter die offenkundigen Gründe dafür zählt nicht nur die riesige Zahl von Lyrikern, die am Werk sind, sondern auch ihre ungeheure Verschiedenheit und die Unfähigkeit der Kritiker, aus dieser Verschiedenheit auf andere Art auszusieben als nach Maßgabe ihrer Parteilichkeit, um nicht zu sagen kollegialen Verfilztheit."

**Michael Hamburger über "die Hölle des Übersehenwerdens", 1982 in der Taschenbuchausgabe von WAHRHEIT UND POESIE (THE TRUTH OF POETRY, 1969)**

Düssel
dorf

Nähe trifft Freiheit
Live close Feel free

LYRIK

LEBT

.de

Gefördert durch

Landeshauptstadt Düsseldorf
Bezirksvertretung 9

# INHALT

## WAS VERBINDET DICH MIT DÜSSELDORF?

*Zum einen habe ich in Düsseldorf ein paar Jahre gearbeitet. Zum anderen treibe ich mich ab und an gerne in der Altstadt herum, die liefert genügend Stoff zum Schreiben.*

**Marvin Chlada** (Duisburg)

# Nichts von Bedeutung

*"...und die Letzten werden die Ersten sein." (Mt 19,30)*

Als Kind hatte ich das Gefühl
Der letzte Mensch zu sein

All die anderen waren bereits
Weiter gegangen
Waren größer und älter als ich

Und hinter mir war
Nichts von Bedeutung
Alles lag vor mir

Die Welt war offen und weit
Ich sah kein Ende
Nirgends

Der letzte Mensch
War ich
Ich war neu und vollkommen

Ahnungslos

# Goethe around the clock

Überall Goethe
An jeder Ecke und jedem Ort
Ob in Weimar
Frankfurt oder Pempelfort

Sei's als Dichter oder Denker
Freimaurer und Weltenlenker
Mal als Forscher oder Lehrer
In jedem Kaff hat er Verehrer

Hier wohnte Goethe
Lautet die Inschrift am Cottahaus
Am 7. September 1797 zog er ein
Und am 16. wieder aus

Goethe als Fremdenführer
Goethe als Humanist
Goethe als Moslem und Antichrist

Goethe und Schiller
Goethe und die Frauen
Goethe im Kino
Das eiskalte Grauen

Goethe für Kinder
Als Spielzeugfigur
Überall Goethe
Goethe rund um die Uhr

# Friedrich Schiller Supermann

Schiller war ein Kerl
Ein echter
Kein Kastrat und Kostverächter

Ein Spieler war er und ästhetisch
Sprach Latein und fließend Schwäbisch

Er schätzte die Frauen
Besonders ihre Brüste

Die Halbkugeln einer bessern Welt
Die er knetete und küsste

Begierig rieb er sich
Zum Zwecke der Ekstase
Faule Äpfel unter die Nase

Er trank Bier und schnupfte Tabak
Und das weiß Gott nicht wenig

Schiller war ein Supermann
Ein wahrer Dichterkönig

# Ein Stück Himmel

Ich gehe in einen Laden
Und frage den Verkäufer:

Haben sie Himmel?
Ein großes Stück davon
Das hätte ich gerne

Und er antwortet mir:

Tut mir leid
Himmel ist seit langem alle
Und ich glaube nicht
Dass ich wieder einen
Bekommen werde
Der ist seit Jahren ausverkauft

Ich mache kehrt und gehe
Um woanders nach einem
Kleinen Stück davon
Ausschau zu halten
Irgendwo – second hand

# Stangentanz

Sie tanzt jetzt
An der Stange

Umschlingt sie
Mit den Beinen

Mal packt sie zu
Mal lässt sie los

Mal geht's rauf
Mal runter

Noch übt sie
Für die erste
Große Show

Aber schon bald wird
Es so aussehen
Als hätte sie nie etwas
Anderes getan

Ganz so
Wie im echten Leben

# Lenaus ausgestopfter Geier

Lenau pflegte seine
Unterkünfte
Mit einer Büste von
Beethoven
Einem Totenschädel
Und einem
Ausgestopften Geier
Zu dekorieren

Den Geier platzierte Lenau
Neben dem Schädel
Als würde das Tier Fleisch
Vom Kopfe nagen

Manchmal
Stelle ich mir vor
Wie Lenau in
Seiner verqualmten
Bude hockt

Zwischen all den Büchern
Der Büste von Beethoven

Dem Totenschädel
Und dem
Ausgestopften Geier

Und wie er sich betrinkt
Einsam
Mit seinem Schatten

Ich kenne das
Gefühl

# Allerhand

Kühle, warme, leichte, schwere
Dünne, lange, volle, leere
Hohe, flache, große, kleine
Echte, falsche, manchmal keine

Verpackte, nackte und bequeme
Feste, sanfte, angenehme
Rote, schwarze, gelbe, bleiche
Alte, junge, harte, weiche
Stumpfe, spitze, runde, pralle
Und das sind noch lang' nicht alle

# Außenseiter der Außenseiter

Ich war nie Teil einer literarischen Szene oder Bewegung
Hank ist nicht mein Gott (so sehr ich ihn schätze)

Auch bin ich kein Fan von Weissners Übersetzungen
Das ewige *"Hey... hey..."* von
Mickey Rourke in Barfly geht mir auf den Sack

Poetry Slam und ähnlich Veranstaltungen interessieren mich nicht
Wettbewerbe überlasse ich den Liberalen

Ich verspreche nichts, was ich nicht halten kann
Fausers Gedichte langweilen mich

Weder bin ich Geschäftsmann noch im Auftrag des Herrn unterwegs
Ich bin nicht
Hübsch (Deo gratias), aber auch nicht hässlich

Was die Simpsons treiben hat für mich keine Bedeutung
Legendäre Literaturstädte gehen mir ausnahmslos am Arsch vorbei

Camus und Konsorten kotzen mich an
Ich halte es mit Sartre (nach wie vor)

Ich treibe mich ungern auf Buchmessen rum
Ich dusche warm und hab's gern weich

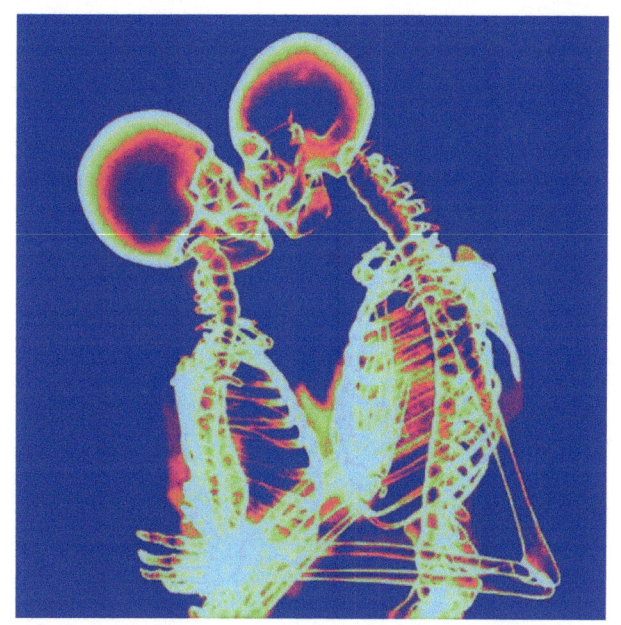

*"Eine Weltkarte, die das
Land Utopia nicht enthielte,
wäre nicht wert, dass man
einen Blick darauf wirft."*

**Oscar Wilde**, in:
DER SOZIALISMUS UND DIE SEELE DES MENSCHEN (1891)

## WAS VERBINDET DICH MIT DÜSSELDORF?

*Für mich ist Düsseldorf die Kunsthauptstadt an sich,*
*ich besuche regelmäßig die verschiedenen Museen.*
*Lesen durfte ich in Düsseldorf zwar noch nicht (da hat die*
*Rivalin Köln die Nase vorn), aber ich erhielt hier bereits*
*zwei Literaturpreise: postpoetry-NRW und Nahbell.*

**Harald Kappel** (Aachen)

# DunkelfeldAnalyse

wir laufen
lebenslänglich
auf dünnem Eis
sehen fern
und brechen
nah

im Dunkelfeld
analysieren wir
warm
unser Vitalblut
pressen
Fingerbeeren
und Ohrläppchen

schmerzhaft
trennen wir
in den Zentrifugen
Gesagtes
von Gedachtem

was bleibt
sind Symbionten
und Silbersalze
im Schwarzlicht
flammt
ein Elmsfeuer

wir leuchten
lebenslänglich
im Schatten
sind blind
auf dünnem Eis
sehen fern
und brechen
nah

# Neue Standarten

es ist die Zeit der Funkmasten
der Massenmanipulation
es gab keine Katastrophen
keinen Programmfehler
das Problem liegt in unseren Köpfen
wir sind der Virus
die virtuelle Grausamkeit
das Ritalin besiegt die Wirklichkeit
das Leben ist voller Falschmeldungen
wir hätten die Broker längst lynchen sollen
auf ihren Märkten
wir waren still
wir sind ängstlich
wir werden gegoogelt
wir werden gemobbt
suchen nach Schuld in Fremden
die Parteien bräunen sich daran
alte Fahnen werden gehisst
am Ofen atmen wir Kohlendioxyd
glauben an Ökologie
Gesichtsbücher
Äpfel und Softeis
die Mächtigen sind dumm
riechen streng und lügen
ein paar Idioten kaufen die Welt und saugen daran
wir stehen unter Kontrolle
es geschieht uns recht
es ist die Zeit der Funkmasten
es gab keine Katastrophen
unser Virus
sind
wir

# Worte und Wirklichkeit

an der wilden Haltestelle
unter dem Fahrplan
sammle ich Herzschläge
küsse Worte
von deinen Eiscremelippen
betrete deine bunte Pupille
male Träume auf der Netzhaut
dringe durch den Sehnerv
ins Geschmackszentrum
meine Zunge
leckt die Erdnussbutter
aus deinen Erinnerungen
ich trinke das Hirnwasser
es verdunstet
als hübscher Nebel
auf der Kirchturmspitze
hängen die Gedanken
jeder kann unsere Sehnsucht sehen
auf dem Fahrplan
an der wilden Haltestelle

# Limbisches System

im Alltag
ist Massenpanik
eine vollständige Eigenschaft des Möglichen
das Denken wie Metall
kreist um Magen und Darm
Magnete bestimmen die Ausrichtung
die Zukunft wird vernagelt

nach dem Beben
liegen
gefaltete Körper
in der Bucht
schwarz leuchtet der Saum im Tomograph
sein Fleisch hat Ähnlichkeit
mit Wolken

Verschwörungstheorien
rotieren zähflüssig
im Mandelkern
infizieren die Vernunft
Magnete bestimmen die Ausrichtung
das limbische System
eine vollständige Eigenschaft des Möglichen

# Vernissage

die Freier
haben sich
Tollwut ins Hirn gespritzt
warten lange
in der Petrischale
auf die Hochkultur
ist eine Pustel
ein Reichtum von Problemen
das Schreiben eine Schlafkrankheit
die Leinwände ein Fleckfieber
die Bildung ein Klassenkampf
ihre Miasmen
verwesen prosaisch
auf den Vernissagen
betrinken sich obszön
die Blutsauger
die Kunst
ist eine Hure
ihre Freier haben
ein Problem

# Chronik der fluiden Ereignisse

Bildstörung
bin nüchtern geblieben
Bier war alle
versucht aus Wasser Wein zu machen
unmöglich
geweint
wegen Harndrang Teppich versaut
hingefallen
nach Jägermeister stundenlang liegengeblieben
nach Allem geschmissen was flüssig ist
nichts getroffen
Katzenstreu gegessen
dankbar
Nachbar hört Rammstein
ich glaube wegen der Katze
mich geschämt dann totgestellt
von Rudi reanimiert
schüttet Rachenputzer ein
trinkt schneller als ich
muss ihm Eine reinhauen
deswegen
tut mir wirklich leid
den Mond betrachtet
Brahms gehört
aus allen Wolken gefallen
eingenässt
der Notarzt ist Nichtraucher und vorsichtig
trägt Gummistiefel
hat gelacht
hab geweint
dann
unguter Auftritt in der Trinkhalle
möchte nicht davon sprechen
zu Hause hungrig
Frikadellengier
deswegen
Grieg gehört
Finger im Fleischwolf verloren

eine Sauerei
viel Gin
später Finger nachgezählt
mich gewundert
noch mehr Gin
kann mich an letzte Tage nicht erinnern
in der Kirche geweint
im Weihwasser nach Kannenglück gesucht
und gefunden
die Spuckschlucke waren fad
später
Marianne Rosenberg gehört
geweint
Gesänge im Kühlschrank
werd ich paranoid?
wieder geweint
ich weine zu oft
im Etagenklo eingeschlafen
nackt
werde von Polizisten getröstet
zwanzig Mark für Betriebsfeier gespendet
Stimmen gehört und Beethoven
im Kopfkissen
angeblich war mein Sohn da
keine Ahnung
angeblich geweint
ich glaube noch nie versucht mich selbst zu ertränken
sinnlos
im Fenster einen Raben gesehen
das Leben ist
schön

# Release

auf der Lesung
ist die Nase
ein Beweis
für meine Inzucht
ich knebele die Worte der Klassiker
mache die Dämonen sichtbar
kalte Krawatten glühen
Laudanum geht herum
und bleicher Lachs
ich trinke Halothan
ein Chirurg schneidet
an mir herum
ein Mysterium
für die Gäste
er näht ein Auge
auf meine Leber
ein unglaubliches Experiment
als ich mich erkenne
sieht jeder das Wunder
ein erzwungenes Privileg
auf meiner Zunge
klebt glitzernde Tinktur
rätselhaft verbirgt
das Haar
auf der Lesung
den Strick

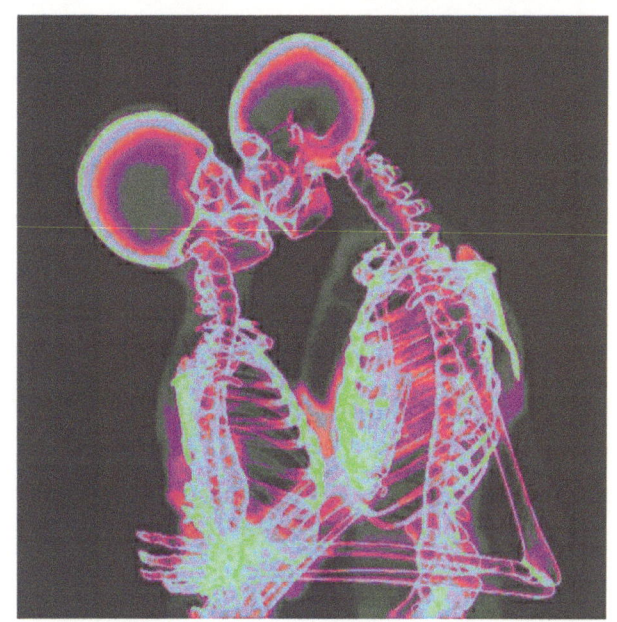

"Manchmal
schlug mein Leben
die Augen im
Dunkeln auf."

**Tomas Tranströmer**, in:
GEHEIMNISSE AUF DEM WEGE (1958)

## WAS VERBINDET DICH MIT DÜSSELDORF?

*Düsseldorf ist eine legendäre Kunststadt, in der ich Mitte der Neunziger meinem ersten Idol begegnet bin, Jörg Immendorff. Er ist u.a. dafür "verantwortlich", dass ich einen kreativen Weg eingeschlagen habe.*

**Boris Kerenski** (Stuttgart)

# Kammler rettet kurz die Welt

Bereits vor der Pandemie ist Kammler ein Trendsetter. Seit Jahren verlässt er nicht mehr das Appartement, warum ihn keiner mit Anglizismen zu "*Social Distance*" überzeugen muss. Versorgt vom Sozialdienst, wird ihm wöchentlich ein Karton vor die Türe gestellt. Die Lebensmittelauswahl bevorzugt saisonale Produkte und orientiert sich an Empfehlungen einer Ernährungsphysiologin. Ein Aufwand, den der Asket kaum würdigt. Dagegen heben Speisen, die ihm partout nicht schmecken, seine Stimmung und er tänzelt durch die Wohnung – mittlerweile ein zwanghafter Tick.

Kammler sieht sich in Tradition berühmter Eremiten wie Antonius, Gallus oder Niklaus von Flüe, bloß hipper, da seine Botschaften in einem Blog erscheinen und für Prepper bei Moodle eingestellt sind. Live wettert er vom Fensterbrett aus beim Überwachen der Straße: "*Wird das hier ein Maskenball? Keine soziale Interaktion! Auseinander... sonst knallt's!*"

Seine erste, zugleich letzte Vision, die Kammlers Berufung und Isolation begründet, liegt so lange zurück, dass er sich nur schemenhaft erinnert. "*Meine Vorgänger*", beruhigt er sich, "*erhielten in der Wüste auch nicht Eingebungen zuhauf.*" Doch was ist das für ein Prophet – ohne Botschaft inmitten der Coronakrise? Krampfhaft versucht Kammler, Bilder zu erzwingen. In einer Meditation, wahrscheinlicher in der Erinnerungssequenz an den Film, bei dem er einnickte, gewahrt er das Ende der Menschheit durch einen Terminator. Unterlegt ist die Dystopie mit bombastischen Klängen eines Orchesters, wobei ein Instrument sich nicht harmonisch einfügt. "*Kann nicht einmal der Tag der Abrechnung sauber choreografiert werden?*" – Kammler, außer sich, bemerkt, dass das Schrillen nicht ein fehlgeleiteter Musiker seiner Träume, sondern die Klingel ist. Misstrauisch öffnet er die Türe einen Spalt. Davor zwei Kinder mit einem Netz Spargel in den Händen. "*Hallo*", sagen sie freundlich, "*wir sind Tiana und Smilla aus Bulgarien... unsere Mama arbeitet als Erntehelferin. Vielleicht mögen Sie frisches Gemüse, wo Sie wegen des Covids nicht raus können?*"

Für Kammler ist der Tag gelaufen. Er verabscheut Spargel – was reflexhaft seine Stimmung hebt. Vergeblich sucht er den Einstieg in die unterbrochene Vision, indem er Szenarien mit dem Terminator spinnt. Immer wieder tauchen in Gedanken die Mädchen mit dem Spargel auf

– und beenden alle Düsternis. *"Mmmh, eine Intervention? Scheinbar wollen die Gören eine Aussetzung vom Weltuntergang erreichen."* Nur was soll Kammler mit dem geleakten Bericht über den Terminator anstellen, der als Dreiviertel-Download durch seine Gehirnwindungen geistert, auf dessen Veröffentlichung zahlreiche Follower in Verschwörungsforen warten? Ihn abtun, wie eine Zeitungsente? Aber Kammler wäre nicht Kammler, wenn er dieses Dilemma nicht schon vorhergesehen hätte. Manche Menschen fliegen eben ihrer Zeit weit voraus...

# Flashback I

Meine Eltern bauten auf mich und vermeintliche akademische Weihen. Tatsächlich strebte ich in Studien – equipiert mit prallem Ausbildungsfond – Rembrandts *"verlorene[m] Sohn unter Dirnen"* nach. Voyeuristisch und gegen die damalig vertraute Ikonografie zeigt die lavierte Federzeichnung den Tatort mit dem Delinquenten und einer Korona Barbusiger und erspart dem Betrachter den öden Teil der Geschichte, den Akt des Bereuens inklusive gönnerhafter Wiederaufnahme durch den Patriarchen.

Rocken und pleite zu Kreuze kriechen?

*"Let the rain wash away your cloudy days."*

Cashflow ohne Unterwerfungsritus garantierte ein Master-Zertifikat, verliehen von der University of Photoshop.

Die Aufnahme in die Welt der Bildungselite schmeichelte mir, doch durfte der Club exklusiver sein, so dass ich eine Dissertation ankündigte.

# Flashback II

Sommerliche Monate vertändelte ich mit der angeblichen Findung einer Thesis in der Hollywoodschaukel im Schatten der Kirschbäume, die noch nie erkleckliche Ernten abgeworfen hatten, während mein Vater ackerte wie in der Strafkolonie. Der englische Rasen war seine Obsession und nicht zu betreten. Ein Kunstwerk, um Natur und Nachbarn neidisch zu stimmen. In den Pausen kellnerte er mit glühender Birne Kaltschale für Kaltschale, füllte Schüsseln mit Knabbereien und organisierte sogar einen Ventilator.

Ich blätterte in Lokalzeitungen, um mich über das Jammertal meiner früheren Bekannten zu informieren. Eine Bumse aus Jugendtagen gab die Geburt ihres Sohnes bekannt – Thomas. Legte nicht sein ungläubiger Namenspatron Finger in klaffende Wunden zur haptischen Beweissicherung, weil er der reinen Show misstraute?

# Flashback III

Via Fernleihe eingehende Medien arrangierte ich auf den Beistelltischchen und stapelte in der Diele Türme zu Babel. Neongelb markierte ich beliebige Absätze, steckte Lesezeichen in Lexika, kritzelte Hieroglyphen auf Zettel und deponierte Enzyklopädien im WC... Die Küche drapierte ein Banner: *"Hier wird nicht um Geld gewetteifert, sondern um Ehre."* 160 okkupierte Quadratmeter legten Zeugnis geistigen Ringens ab. Ehemals wurde penibel Ordnung gehalten, gegenwärtig stolperten wir bei unbedarften Schritten über bedrucktes Papier und lösten Wissens-Lawinen aus. Vorsichtig-kritische Bemerkungen parierte ich wild gestikulierend in einem Kauderwelsch. Solche Darbietungen imponierten meinem Vater und er machte devote Bücklinge: *"Schon ganz der Herr Doktor!"* Zur abendlichen Fütterung erkundigte er sich nach dem Progress – ein Ritual. Parallel kam meine Daily Soap, so röhrte ich mit vollem Mund *"Imprimi potest!"* in seine Richtung. Fickrig rieb er die schwitzigen Hände an der Cordhose, tigerte durchs Zimmer und seine Aura begann zu flimmern – vermutlich das Fernsehgerät in seinem Rücken, aber wer weiß? Einst stand mein Vater vor dem Infarkt, wenn ich nicht nachweisliche Leistungen erbrachte, nunmehr war er wie ausgewechselt – ein neuer Mensch. Er scharwenzelte um mich wie ein Köter um seinen Baum, mit dem Unterschied, dass er nicht das Bein hob.

# Wexlers Jobwechsel

Wenn in offiziellen Formularen der Beruf abgefragt wird, gibt Wexler entweder "Auszubildender" oder "Student" an. Er verfügt nicht über legitimierende Nachweise, doch das sind für ihn administrative Feinheiten, um die er sich nicht kümmern kann –, die ihm aber dennoch Ärger bescheren. Dazu gehört beispielsweise auch die Echauffage mit Kassenpersonal, weil er auf vergünstigten Eintritt besteht. *"Kleingeister und Korinthenkacker"*, tönt er lautstark und klatscht dabei in die Hände. So lange, bis ihm das Museum den Rabatt gewährt. Wexler sieht darin die Anerkennung seines Status. Den beiden Söhnen ist er peinlich, weshalb sie lieber zu Hause bleiben als den Vater auf kulturelle Events zu begleiten. Wexler gibt der Pubertät, den sozialen Netzwerken oder, theatralisch in der Öffentlichkeit, sich selbst die Schuld, warum der Nachwuchs dem Banausentum angefallen sei. Frau Wexler bittet er nicht mehr zum sekundierenden Geleit, nachdem sie klarstellte, dass sie im Haus die Brötchen verdiene, sich in ihrer Freizeit regenerieren müsse und er sich ein Hobby suchen möge, von dem die Familie etwas hätte, wie Heimwerkern, jäten des Gemüsebeets oder der turnusmäßige Besuch der Autowaschanlage. *"Himmel, andere Hausmänner bekommen den Tag doch auch gestaltet."*

*"Ich bin aber nicht wie die anderen!"*, empört sich Wexler und verzieht sich schmollend in sein Zimmer.

Natürlich ist er nicht wie die anderen, denn im Creative Writing Kurs der VHS entdeckte Wexler seine poetische Ader, weshalb er sich neuerdings als "Verdichtungs-Lehrling" ausgibt oder als "studioso dell'arte". Die Banalität der Hausarbeit steht diametral zu dem, was er zu tun gedenkt, nämlich dichten. Der Jobwechsel kommt bei seinen Mitbewohnern mäßig an, die die vakante Stelle mit Überstunden auffangen, was zu hitzigen Diskussionen im Familienrat, knallenden Türen und einem schmollenden Wexler führt. Ratlos ist die konsultierte Paartherapeutin, weshalb sie ihm in einer Einzelsitzung Alternativen aufzeigt: Er könne sich eine jüngere Geliebte suchen, im Alkoholismus eine Chance sehen, mit einem Ford Mustang durchs Viertel cruisen... Eben klassische Bewältigungsstrategien der Midlife-Crisis. Mit diesen Symptomen kenne sie sich aus, von dort gäbe es Wege zurück in den Schoß der Familie. Selbst ein Geschlechterwechsel sei unkomplizierter als die Poemie. Weshalb sie sich in Folge auf ihre Rolle als Mediatorin zurückzieht und den Wexlers die Bühne überlässt:

"50.000 Euro aus dem Rentenfonds hat er verballert!"
"Ich benötige als Dichter ein adäquates Umfeld!"
"50.000 Euro für Einbauregale, Holzvertäfelung, Perserteppiche
und eine Chesterfield-Garnitur – handmade in the UK! Schon
die Zollgebühren übersteigen das Budget eines Kurzurlaubs!"
"Verantworte ich den Brexit?!"
"...palettenweise Bücher!"
"Das sind Werke meiner Vorbilder, meiner Vorgänger!"
"Die sind noch in Folie eingeschweißt – du bist kein Leser!"
"Faktisch ziehst du neue Klamotten auch nicht gleich ins Büro an!"
"Hör auf abzulenken, ich gehe arbeiten, habe die Blusen bezahlt,
mit meinem Netto, den von dir gekillten Rentenfonds bedient..."
"...und ich bin die kostenlose Putze, der Schuhabtreter!"
"Das habe ich nicht gesagt! Außerdem hattest du
einen Beruf als Bademeister!"
"Hör auf mir meinen Burnout vorzuwerfen!"
"Besser du wärst mal in die Muckibude gegangen, dann hätten
dich die Jugendlichen nicht immer verarscht, du Waschlappen!"
"Du hast dich doch für den Waschlappen entschieden!"
"Ja, das war der Fehler meines Lebens!"

Um drohende Handgreiflichkeiten zu parieren, unterbreitet die Thera-
peutin den beiden einen Kompromiss. Konziliant gewährt Wexlers Frau
ihm ein Sabbatical, damit er das Handwerk des Dichters von der Pike auf
erlernen und sich im Selbststudium mit Geistesgrößen der Literatur-
geschichte vertraut machen könne. Im Gegenzug muss Wexler seiner
Arbeitgeberin die kreative Integrität mit dichterischem Output beweisen.
Woran es noch hapert, denn die Theorie ist zäh:

"Müssen sich Zeilen reimen?"
"Mmmh, was ist der Unterschied von Vers und Strophe?"
"Verflucht, diese ganzen Stilmittel: Personifikation,
Alliteration, Subtraktion... hä?"

Mittlerweile sieht sich Wexler eher als Praktiker, warum er auf das Tatwort-
Wochenende – ein Schreibseminar im Literaturpädagogischen Zentrum
Stuttgart – setzt. Gleichwohl, die Dozentin kritisiert seine Poeme als "in
Zeilen gepresste Prosa", die er daraufhin so extrahiert, dass ein Drei-Wort-
Gedicht entsteht: **"Kälte / Bahnhof / Einsamkeit"**. Mit dem Text will er auf
dem Poetry Slam reüssieren, wobei sein Auftritt mit einer Bierdusche

honoriert wird. Nass und schmollend sitzt Wexler zu später Stunde in seinem Zimmer. Seine Frau schläft, um fit für einen Außendiensteinsatz zu sein; die Söhne lernen auf Klausuren. *"Wie soll man in diesem kleinbürgerlichen Umfeld Inspiration finden? Arthur Rimbaud bereiste die halbe Welt: Java, Alexandria, Zypern, Somalia..."* Wexler trommelt mit seiner Kladde so lange auf den Sekretär, bis sich seine Mitbewohner verdattert bei ihm einfinden. *"Eure Spießigkeit lähmt alles in mir! Ich gehe auf Trebe und hole mir den 'Ruhm der Straße' – als Thema meiner Dichtung!"* Das kollektive Schweigen wird nur von der ins Schloss fallenden Wohnungstür unterbrochen. Der Inhaber vom Schlüsselnotdienst wundert sich über drei Anrufe mit selbem Inhalt: Am Apparat sei Wexler, die Adresse laute... und man habe den Wohnungsschlüssel verloren. *"Zufälle gibt's"*, denkt er sich und konstatiert: *"Versicherungsrechtlich ist in so einem Fall der Austausch der kompletten Schließanlage vorgeschrieben."* Seine Augen leuchten, als er den Auftrag für den Monteur tippt: ...+ Sofort-Zulage + Nacht- und Wochenendaufschlag +... *"Ha! Das Budget für einen Kurzurlaub. Sandy träumt lange schon von Zypern..."*

*Die folgende Kurzgeschichte ist von der Lektüre der "Western Lands" von William S. Burroughs inspiriert. Die Gedanken bzw. Fragen des Protagonisten nach "Auftrag" und "Evakuierung" zitieren den Romantext. Ebenso bedeutsam für den Beitrag ist das Buchcover der deutschen Erstausgabe (Limes, Frankfurt a.M./Berlin 1988), das das Gemälde "Widmung an Oskar Panizza" von George Grosz (1893–1959) zeigt. Während des Arbeitsprozesses schreibt Grosz: "Ich male zur Zeit an einem großen Höllenbild – Schnapsgasse grotesker Tode und Verrückter, da spielt sich viel ab." Von dem Text existieren mehrere Versionen, dies ist die Endfassung.*

# Die Installation der Städte

An den Grachten entlang, vorbei an Bars, Kinos, Sexshops und Hotels. Die Straßen, hoffnungslos verdreckt und die Versuche der Reinigungstrupps, Sauberkeit herzustellen, scheinen seltsam, grotesk.

Menschen sitzen in Cafés und Kneipen herum, beobachten das bunte Treiben.

Was die Dinge miteinander verbindet, sind die gegebenen Koordinaten im Raum. Wie ein Zeitastronaut wandelt er durch die geschaffenen Konstellationen.

Zur Außenwelt ist der Kontakt abgebrochen. Der "Empfänger" ortet keinerlei Signale.

Den Körper betrachtet er rein analytisch, ein Organismus, der ihn für eine schwierig bestimmbare Laufzeit am Leben erhält.

Konkretes über den Auftrag erfuhr er nicht. Existiert eine Handlungs-anweisung oder muss er sich auf das besinnen, was man ihm vor Ewigkeiten erzählte und er aus den Büchern kannte? Klar ist, es gibt keine Evakuierung, so steht es in den "Western Lands". Jeder ist auf sich gestellt. Diese Gedanken setzen sich aus irgendwelchen Versatzstücken in seinem Kopf zusammen und beginnen ihn innerlich zu zerfressen.

Er läuft ohne Ziel. Die Straßen verkleinern sich zu Gassen, weiten sich wieder zu Straßen und münden in Plätzen mit Denkmälern...

*"Wo bin ich?"*

Gefangen hat ihn das Labyrinth aus Bauten.

Scheinbar verändern sich die Gebäude, geraten in Schieflage, wirken bedrohlich, gleichzeitig zerbrechlich, gläsern. Er sinkt nieder und legt sich flach auf den Asphalt. Kurzzeitig gibt ihm die Wärme des Straßenbelages einen Moment von Geborgenheit. Gierig zieht er den Sauerstoff in die Lungen. Bongospieler und Tänzer erscheinen aus dem Dunkeln. Ihre harten Rhythmen durchdringen sein empfindsames Gewebe wie seis-mische Wellen Gestein. Künstliches Licht strahlt in den Himmel.

Mit transparenten Stoffen scheint die Stadt verhängt. Er dreht sich auf den Rücken und liest den beleuchteten Schriftzug *"Das Begräbnis"*. Eine Botschaft?

Muskeln verkrampfen sich, Übelkeit steigt aus Magen hinauf in Hals und Mund... Todesahnungen.

Auf den adaptierten Pupillen beginnen sich die Buchstaben zu drehen und glühen aus in der Schwärze der Nacht. Spurlos verschwinden die Musiker, dennoch hört er die Schläge der Trommeln weiterhin im Ohr. Bleierne Müdigkeit lastet auf ihm. Er überwindet den inneren Widerstand, erhebt sich vom Beton. Menschenmassen lässt er an sich vorbeirauschen. Die Gesichter zu scheußlichen Grimassen verzogen. Hämisch grinsen ihn die Fratzen an, durch leere Augen sieht er in ihr Innerstes und erblickt nichts, was Bedeutung verspricht.

Er stolpert durch den Irrgarten der Stadt. An allem vorbei, er darf sich nicht umdrehen.

In einem Imbiss sinkt er erschöpft nieder und bestellt eine Kleinigkeit zu essen. Sein Körper reduziert sich im Augenblick auf das Bedürfnis Hunger. Mit hastigen Bissen verzehrt er die einfache Mahlzeit, hofft, dass sich das Sättigungsgefühl bald einstellt.

Erneut breitet sich die Traurigkeit in ihm aus. Er zieht die Knie schützend an die Brust, versteckt das Gesicht in der entstandenen Kuhle: *"Warum gibt es keinen Auftrag und keine Evakuierung?"*

*"Warum ist jeder auf sich gestellt?"*

Letzte Fragen.

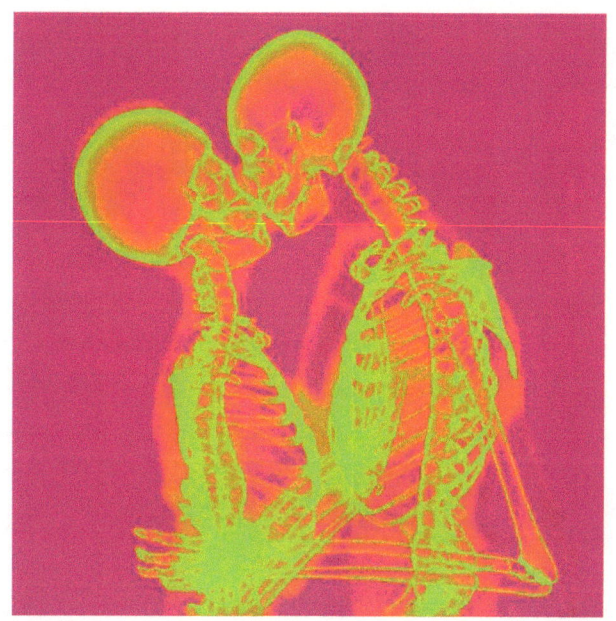

"Erinnerungen sind ja Scheiße, aber
Geschichten halten das Leben zusammen.
Manchmal, wenn du den großen Horror hast,
ist eine gute Geschichte das einzige, was noch hilft."

**Jörg Fauser**, in:
DER SCHNEEMANN (2004)

## WAS VERBINDET DICH MIT DÜSSELDORF?

*Seit meiner Performance 1994 in der Gehry-Baugrube war ich in viele D'dorfer Projekte (u.a. im Kunstpalast 1996, Heinrich-Heine-Institut 2007, Zakk 2010) involviert. Nach dem 3.Offlyrik-Festival im HdU 2017 begann eine berufliche Umorientierung, aber ich organisiere für 2023 die Lesung POESIEPANDEMIE.*

**Tom de Toys** (Düsseldorf)

# VIRTUELLES WUNDER

der körper ist überflüssig
gefühle sind unnötig
das ganze leben wird sowieso
nur symbolisch gelebt
symbolisch geliebt symbolisch
gearbeitet gegessen gestorben
die ganze gesellschaft die ganze
kultur ja die ganze zivilisation
ist nur symbolisch gemeint wir
sind symbole für einen höheren sinn
etwas größeres jenseitiges absolutes
das die symbolistik erfand
um sich selbst zu verkraften
wir sind die gefangenen unserer
selbsterfundenen abwesenheit
sklaven des totalitären symbolismus
automatische symbolträger
der kollektiven psychose
die keine wirklichkeit kennt

# REZEPT(ION)

das problem an literatur ist ja
sehr häufig daß sie so schnell
vorübergeht daß man danach
gar nicht mehr so genau weiß
wovon sie eigentlich handelte
es gibt ja so themen wie
zum beispiel die liebe den tod
oder den sinn des lebens die
sind schon etwas anstrengender
da muss man sich richtig mit
beschäftigen aber die literatur
an und für sich geht ja eigentlich
sehr schnell da nimmt man ein paar
sätze die kann man sogar sprechen
dann braucht man einen verleger
einen rezensenten und einen
vertrieb und dann ist die
literatur auch schon fertig

# STIFTUNG DER LAVENDELLEUGNER
## (MILLIONENMINISTER VERSTEIGERT VILLA FÜR GUTEN ZWECK)

in diesem gedicht darf geweint werden
hier geht es nicht um originelle metaphern
die welt ist mittlerweile ein science-fiction-film
aus skandalen zwischen gesetzgebern und gaffern
ich wünschte ich hätte als dichter weit mehr verstanden
als daß philosophen und künstler nicht zählen
obwohl uns die wissenschaftler mit daten quälen
die letztlich im entertainment versanden
gilt alles poetische als irrelevant
die regierung unterstützt ihre lobby anstatt das land
ein bißchen kritik ist direkt vor der wahl geduldet
gesundheit und klima feiern hochkonjunktur
moralisch dagegen sind minister hochverschuldet
aus steuern finanzieren sie jede werbetour
ich sage fast alle berufe sind systemrelevant
eigentlich alle außer politiker
ihre diäten fahren sie an die getünchte wand
die immunität dieser egos ist niemals fair
das vertrauen in abgeordnete
geht parteiübergreifend verloren
nur eine berufsgruppe ist noch brutaler
ich meine natürlich die pädophilen pastoren
die kirche wird es schon bald nicht mehr geben
für gläubige kann gott viel besser ohne sie leben
für ungläubige spielt das sowieso keine rolle
nur kinder brauchen noch mehr als frau holle
wir alle sind kinder der mutter erde
mit mehr oder weniger glück zur welt gekommen
in unserer wut enttäuschung und traurigkeit
spiegelt sich wie unsere eltern uns liebten
und manchmal ahnt einer im spiegel verschwommen
wie wenig bereit wir alle sind
uns gegenseitige angst einzugestehen
die angst vor der zukunft
die angst vor der lüge
die angst vor der einsamkeit
und die angst vor dem tod

weil keine höhere macht zum anflehen da ist
dieses zeitalter der monitore und massenmedien
treibt uns wie ein unentdeckter zombievirus
allmählich an den digitalen rand des wahnsinns
wir suchen verzweifelt die vorletzte wahrheit
im handy anstatt in der hand eines freundes
wir liefern uns seltsame challenges
anstatt den sternenhimmel zu bestaunen
und halten die künstlichen launen in castingshows
für seelischen tiefgang was ist aus der
menschheit nach 300 tausend jahren geworden
noch immer sind menschen nur kreischende horden
die einen offiziell und die anderen als geheime orden
was wir seit urgedenken am besten lernen
ist nicht zu lieben sondern zu morden und
das lässt sich nicht über nacht einrenken
die menschheit benötigt eine kollektive therapie
kein extremsport befreit von der virtuellen hysterie
alle gefühle sind aufgeblasen und hohl
alle tragödien nur für die primetime produziert
der künstliche schnee liegt am arktischen pol
für das touristenfoto
mit robotereisbär verziert
ja der klimawandel ist eine coproduktion
von Elon Musk, google earth und hollywood
um endlich in den weltraum abzuhauen
während die bettlägrigen
tatort und tiersendungen schauen
mit künstlichen bienen und künstlichem honig
wer braucht denn schon echte lebewesen
wenn cyberpets sehr viel besser funktionieren
der pflegenotstand ist auch endlich passé
pensionierte cyberpfleger lenken pflegedrohnen
zu senioren mit eleganten cyberbrillen
die im demenzbefreiten showroom
eine virtual reality residenz bewohnen
der gesundheitsminister Spahn ist hocherfreut
der arbeitsminister Heil ist darüber erfreut
daß sich der gesundheitsminister freut und
die bundeskanzlerin frau Merkel kann nur sagen

ICH KANN NUR SAGEN
ICH WILL NUR SAGEN
UND DARUM BETONE ICH
IN ALLER DEUTLICHKEIT
ICH WERDE ES AUCH IMMER
WIEDER UND WIEDER SAGEN
wir brauchen nicht zu verzagen
sondern dürfen mit aller geduld und vorsicht
die ungewöhnlichsten maßnahmen wagen
woraufhin alle diktatoren
ihre völker um "verzeihung" bitten
und die enttarnten millionenminister
um mitgliedschaft im club der guten sitten batteln
Spahn versteigert börsenblasen mit lavendelduft
die aus dem biogedüngten rasen
seiner ungeschützten villa emporsteigen
denn niemand hat vor eine mauer zu bauen
wir werden nun alle ins offene schauen und
die dringlichsten fragen des lebens stellen
um unser bewusstsein in der krise aufzuhellen
weimar recherchiert ob
Schiller oder Goethe rassisten waren
jugend forscht nach jugendlichen
die noch eine echte jugend hatten
mit analogen abenteuern auf analogen straßen
mit analogen ladenlokalen und analogen verkäufern
die für analoge straßenmusiker schwärmen deren
tageshonorare vom subkulturministerium stammen
aber das ist ein anderes märchen
und #nichtselbstverständlich
wir wollen nun schlafen es ist schon
nach mitternacht darum folgt nun die sendung
mit den fliegenden schafen

# SYMBOLPOLITIK
## (POLITLYRIK IST BLUTLYRIK)

wir bekennen symbolisch fahne und stehen
symbolisch an der seite derer die unsere
hilfe benötigen wir erziehen unsere kinder
von klein auf zur symbolischen nächsten-
liebe und symbolischen anteilnahme
wir applaudieren symbolisch und feiern
symbolische kompromisse um den symbolischen
weltfrieden zu stabilisieren politiker
retten nur nachträglich statt nachhaltig
das klima für symbolpolitiker ist alles
im nachhinein wieder prima sie schwingen
symbolische reden an allen symbolischen
mehrfachgedenktagen und diplomatieren mit
diktatoren und terroristen das echte leben
wird schon seit anbeginn aller zivili-
sationen mit symbolen verseucht die das
bewusstsein hypnotisieren dazu bedarf es
noch nicht einmal neurochips denn durch
die designerbrillen der geistig blinden
erscheint die reale welt wie ein nettes
computerspiel in dem sie symbolische punkte
sammeln für das symbolische paradies ihres
symbolischen gottes der sich symbolisch
erbarmt für die symbolischen sünder
während die vögel zwitschern die sonne
scheint der blaue himmel das blaue vom
himmel verspricht und die bomben auf
blumen und ungeborene fallen aber auch
dieses symbolische slamgedicht wird im
symbolischen lauf der dinge verhallen
literatur kann die welt nur symbolisch
verändern solange despoten statt dichter
die wirklichkeit rendern durchzieht den
gesamten film ein einziger riss aus dem das
symbolische blut der dummheit quillt die
symbolischen panzer rollen überall weiter
wir informieren uns multimedial gechillt

# PUBLIKUMSVERLAGERUNG
## (AUTORENLESUNG OHNE AUTOR)

nein das hier ist jetzt keine wasserglaslesung aus einem bestseller von dessen autor sie schon auf der shortlist der marktführenden buchhandels-ketten gelesen hatten wie aufregend innovativ sein roman angeblich sei weil darin passagen überraschend poetischer dichte auftauchen die schon an lyrik grenzen ja lyrik LYRIK gedichte gereimtes oder ungereimtes POESIE verzeihen sie daß ich dieses verbotene wort in den mund nehme wie andere wasser und bier in sich kippen die literatur geht nicht den bach runter weder den brückerbach noch den eselsbach oder den ozean hinter der großen letzten mündung der letzten großen fragen nein nur unsere schöne gepflegte rheinpoesie* schippert den rhein entlang ganz wie meine neuropoesie durch die gehirnwindungen des geneigten publikums dessen abwesenheit während der niederschrift dieses textes in meinem kopf eine lücke erzeugte um mir seine anwesenheit trotzdem so deutlich vorzustellen als ob ich jetzt live und leibhaftig vor ihnen stünde und eben NICHT SITZE wie diese impfpflichtgegner natogegner und gegnergegner der autokolonne direkt vor meinen augen ich dachte nur in welchem film bin ich hier gerade gelandet zuerst sitze ich friedlich auf einer friedhofsbank zwischen eller und wersten und entdecke im internet einen essay über die zeitgenössische definition einer "guten lyriklesung" dann unterbricht mich eine esoterische alkoholikerin wegen dem feuerzeug für ihre grabkerze obwohl sie mir später mehrere feuerzeuge aus ihrer handtasche zeigt aber sie meint mich aus dem umfeld der pflegeheime zu kennen über deren skandale sie besser bescheid weiß als ich was schon erstaunlich ist aber der platz an der bushaltestelle am friedhofsausgang entpuppt sich als ebenso unsicher weil plötzlich wie gesagt ein polizeimotorrad mit blaulicht vorbeikriecht hinter dem diese autokolonne als fahrende demonstration auftaucht mit bemalten beschrifteten und mit schlagermusik beschallten karnevalsähnlichen deutschen automarken nicht ohne am ende noch von einem leisen polizeiauto mit blaulicht beschützt zu werden nachdem wieder ruhe einkehrt und diese herrliche spätsommerliche sonne hervorbricht wird mir bewusst daß ich einen völlig anderen text aus der anfänglichen inspira-tion erwartet hätte aber es kann mir egal sein denn gute lyrik geht ja bekanntermaßen sowieso anders als im verfickten selbstverlag unbe-kannter schreiberlinge die LITERATUR ist ein traditionsreicher begriff für literasture autoren notorischer langeweile zwischen zwei pappdeckeln gequetscht und mit heisser luft aufgepumpt die das berühmte werk wirken lassen als ob ein essay eine kurzprosa oder ein langgedicht länger wäre als hundert seiten denn das papier ist in echt eine luftschokolade die leser sind süchtig nach süßlichem lesestoff die veranstaltung mutiert zu einer dekadenten orgie betrunkener geisteintreiber sie sammeln ALLES außer der lyrik von zu lauten performern man hat zu sitzen die stirn zu runzeln am glas zu nippen dem lektor zu danken den verleger zu loben und dem zeitungsredakteur ein kostenloses rezensionsexemplar in den arsch zu pressen WIR SIND DIE AUTOREN und wir werden gelesen wir haben das ganze zuende gedacht und wir wissen bescheid: dies ist eine historische angelegenheit für die germanistikgenerationen unserer klimaneutralen enkel damit die gesellschaft in zweihundert jahren noch glauben kann es hätte auch andere stimmen gegeben als nur romane die jeder kennt aber nein es gibt ausschließlich bücher die im regal gut aussehen mit ihrem perforierten gestanzten textilen 3d-effekt-titel und goldrand wie schon zu goethes zeiten dessen gretchenfrage keine sau mehr interessiert seitdem das wintermärchen zuende geträumt wurde und kein einziges lied mehr in nicht einem einzigen ding wohnt die literatur ist zum laufsteg textiler unnahbarkeit verkommen und präsentiert sich nicht live oder gar nackt sondern anständig gekleidet und zu einem überteuerten preis der dem leser suggeriert daß hier tatsächlich GUTE literatur stattfindet ihr habt mich noch immer nicht von der bühne gebuht oder faule eier geworfen ich plädiere zum abschied für richtig leckere kamelle bewerft mich und denkt an meinem offenen grab an die aufrechte haltung wenn ihr vertrocknete rosen hineinwerft denn das einzige was in diesem leben nach all den erfolglosen bemühungen zählt ist die korrekte körperposition um atmen zu können wo keine luft ist – vielen dank kommen sie gut nach hause man sieht sich ahoi toi toi toi

*Name eines Düsseldorfer Ausflugsschiffes

# 3. OFFLYRIKFESTIVAL

LYRIKFESTIVAL.de

Einlass ab
16 Uhr

EINTRITT
FREI

 EDMOND NRW

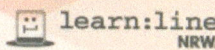 learn:line NRW.

 Bildungsmediathek NRW

www.bildungsmediathek-nrw.de

DIE DOKUMENTATION:
SCHULGEDICHTE.de
Was machst Du am 3.7.2037 ?

Haus der
Universität
Schadowplatz

www.literaturstadtduesseldorf.de 2017

   Gefördert durch Kulturamt und Ministerium 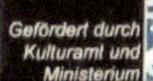 Landeshauptstadt Düsseldorf Ministerium für Familie, Kinder, Jugend, Kultur und Sport des Landes Nordrhein-Westfalen

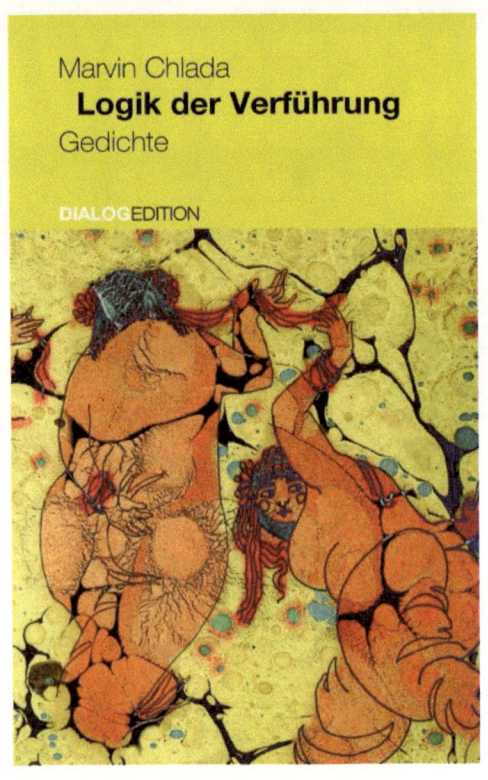

Marvin Chlada
**Logik der Verführung**
Gedichte

DIALOGEDITION

Marvin Chlada
**Der Poet als Lumpensammler**
Reportagen und Interviews

DIALOGEDITION

STEREOTOMIE
NEUE GEDICHTE
**HARALD KAPPEL**

MOLOKO PRINT

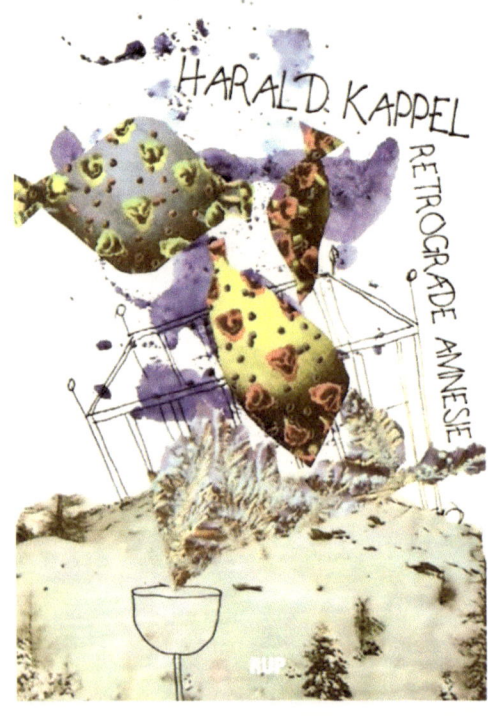

HARALD KAPPEL
RETROGRADE AMNESIE

Boris Kerenski

**TRISTESSE**
*cool serviert*

ISBN 978-3-947985-02-8          STADTLICHTER PRESSE

Boris Kerenski

**HELDEN DER KRISE**

STADTLICHTER PRESSE

# BODENLOS
## VERWURZELT
## WIE EIN STERN

2. Auflage mit
99 Gedichten
nur 16 Euro !

Neuropoesie
1985 - 2015

**POETROPIE**

P O E T R O P I E

POEMiE™

**METAPOETOLOGIE DER NEUROPOESIE**

*inkl. Corona spezial: KLIMA, KOSMOLOGIE & KULTURPOLITIK*

# Das Buch und eBook zur Lesung!

# POESIEPANDEMIE LIVE & CLOSE:
# "LYRIK LEBT WEITER!"

**2017** organisierte das **G&GN-INSTITUT** (g-gn.de) nach 20 Jahren Pause das **3.OFFLYRIKFESTIVAL** im Düsseldorfer Haus der Universität. Daraus entwickelte sich im Corona-Lockdown 2020 das multimediale **Poesiepandemie**-Konzept, das sich aber erst auf Einladung der Werstener Zweigstelle der Stadtbücherei für **2023** unter dem erweiterten Motto **LIVE & CLOSE** dank der Förderung als analog umsetzbar erwies. Es basiert auf dem Autorenpool des **Festivalforums im Poesiesalon.de**

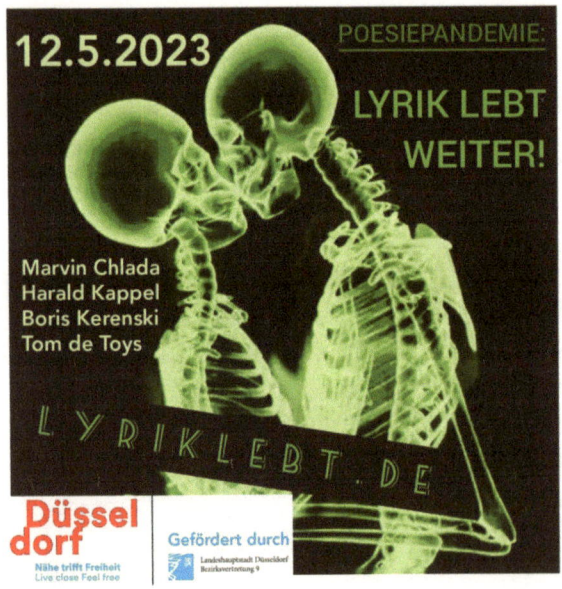

## Das erste 4er-Team
besteht aus den Autoren:

**Marvin Chlada** (*1970)
aus Duisburg.
**Harald Kappel** (*1960)
aus Aachen.
**Boris Kerenski** (*1971)
aus Stuttgart.
**Tom de Toys** (*1968)
aus Jülich.

# www.LyrikLebt.de